AF596237

Editorial Primigenios

PASAJERO DEL OLVIDO

Editorial Primigenios

Manuel González Busto

PASAJERO DEL OLVIDO

1era edición, Editorial Letras Cubanas, 2018.

2da edición, Editorial Primigenios, Miami, 2022

ISBN: 9798441046497

Edita: Editorial Primigenios
Miami, Florida.
Email: editorialprimigenios@yahoo.com
Sitio web: https://editorialprimigenios.org

Edición y maquetación: Eduardo René Casanova Ealo

Me duele madre en la única esperanza

¿CÓMO ESCRIBIR LA REALIDAD?

¿Cómo escribir la realidad si la realidad es otra, y mi apreciación un dado, que, dado al fin, puede acertar o no? Digamos que son las seis de la tarde. Nadie me pregunta cómo estoy, qué siento, qué deseo, qué putísimo cinismo me obliga a ser quien no soy, o tal vez quien soy, pero a medias, a cántaros, a dudas, a carencias, a no sé, a no sé coño qué hacer con la rutina para que no siga siendo airosa y perdurable precisamente ahora, que son las seis de la tarde, y el sillón de padre es un barco, y el dolor de madre es una daga, y los gritos de mi hermano: un himno, y el reloj: una amenaza demasiado peligrosa para una utopía demasiado túnel, demasiado tarde, demasiado país y el vientre de mi hermano: una fábula, un acordeón, un salvavidas, un rompecabezas, un cristal a punto de romperse, una taza de café, un vaso de agua fría y otro y otro, mientras los que deciden la suerte, -dígase: la verdad- apenas conocen, apenas lidian, apenas dictaminan para ser a cántaros, a diluvios, a .país, y a las seis de la tarde, a las mismísimas seis de la tarde, es el olvido quien llega, puntual y fidelísimo, a preguntarme qué siento, qué deseo, qué me falta, quién miente, y miente, y promete, y trama, y calcula, y vuelve a mentir, y ofrece, y endulza, y se arrodilla, y se aleja, y vuelve, y discursa, y jura, y vuelve a jurar, y sabe que el dolor es un puñal pero no le importa, no asume, no sangra: no país, no delicia, no concordia, no deberes, no derechos, no Cristos, no ángeles, no milagros, no pan; y olvido al fin, no cuestiona por qué hay Judas en el trono, Pilatos en la balanza, Celestinas en la corte, rufianes en la ciudad, usurpadores en el miocardio, Tartufos en el verso, en el putísimo cinismo que nos silencia a cántaros, a relojes, a palabras, a nunca, a realidades, coño, que son un dado, un acertijo, una llovizna, una amenaza demasiado peligrosa cuando son las seis de la tarde y nadie nos explica por qué, por qué tenemos que seguir muriendo sin soñar cuanto quisiéramos, como si nacer fuese una elección, y la vida: una delicia airosa y perdurable.

Ah, cómo escribir la realidad si soy tan solo un número, un número que alguien apuesta, puntual y fidelísimo, a las seis, a las mismísimas seis de la tarde.

Me encanta tu ingenuidad de faroles y misterios

I

Me encanta tu ingenuidad de faroles y misterios, de azucenas y recuerdos que hacen nudos en el viento. Me encanta tu ingenuidad de paloma enamorada, que corre hacia la migaja sin averiguar siquiera si es polvo dulce o metralla. Me encanta tu ingenuidad de festejar la inocencia, sabiendo que te han clavado diez mentiras en el pecho. Me encanta tu ingenuidad de seguir buscando hadas, besos que siempre han faltado en tu guitarra de invierno, soledades que no escribes como quisieran los cuervos, esperanzas que desbordas en promesas y milagros, como si fueses la gloria y no un rezo casi muerto. Me encanta tu ingenuidad de creerte visionario, cuando le pides un ramo de luces al campanario y él solo te da una vela, dos Jesús y un relicario. Me encanta tu ingenuidad de no dormir en las noches, cuando madre te pregunta por la luna y los fecharios, y un calor casi universo te desangra la garganta. Ah, cómo duelen los años, cómo duelen. Cómo duele tu ingenuidad, cómo duele. ¿Se habrá fugado, nostálgica, la magia de los silencios? ¿Acaso el verso es un ángel desgranado en diez rosarios? ¿Acaso no pulsa Dios las guitarras del invierno?

II

Hay una puerta dorada en cada tarde que siento. Hay una lluvia perdida en las ciudades del tiempo. Hay también un sortilegio que me busca y que no encuentro. Yo soy la puerta y no tengo las llaves, ay, del misterio. Yo soy la lluvia y no puedo deslizarme como quiero: los mensajeros me niegan el amor que siempre intento. Nada sé del ruiseñor que apenas canta en mi cama. Yo nunca he visto un ruiseñor. Nada sé de la ternura que apenas ancla en mi almohada. Yo nunca he visto la ternura. Siempre escapa cuando apuestan Cristos en la ruleta. Ay, de los que te han clavado diez mentiras en el pecho y duermen sobre guirnaldas que nada saben del tiempo. Ven a desbordar domingos con palomas y aguaceros, como si fueses la gloria y no un rezo casi muerto.

Ah, me encanta tu ingenuidad de misterios y faroles, de zafiros y recuerdos que hacen nudos en el viento.

La lluvia es un cascabel entonando un happy birth day

La lluvia es un cascabel entonando un happy birthday. La lluvia llega, me llama. Sabe que mi casa es una orquídea, un racimo de sillones olvidados, un sueño sumergido en los altares, en las fotos que alguien romperá para que reine el silencio, para que mi casa tenga promesas como fantasmas, campanarios en la hondura más tenue del horizonte. La lluvia insiste, me asedia. —Cántale una copla, cántale —me dice la luna llena. Pero las guitarras duermen y los faroles se han ido. Dicen que al país de las estatuas dormidas. Hay un ángel en la lluvia que me nombra, cuando a la virgen le rezo una plegaria y me salva. Mi casa es una isla de ilusiones transitorias, un manantial de carencias perdurables, un sueño obstinado y polvoriento. ¿Será mi casa un rumor? ¿Será la lluvia un racimo de oraciones olvidadas? ¿Será mi alma el oleaje que se desborda en las fotos? ¿Soy acaso un trazo en el polvo de la lluvia? —Cántale un bolero, cántale— me dicen los girasoles que nunca tuvo mi casa. —Hazte con la lluvia un salmo— me dice madre cansada sobre las teclas de un piano. Y de obediencias nacen álamos. Y de mentiras rutilan intereses personales, cuando la lluvia se duele de himnos nunca cantados. Y escribo en la luna llena la fiereza de la lluvia, para que sangre la espera sobre las teclas del piano. Y los poderes silencian los reclamos de mi hermano, cuando los sillones lloran ausencias de mar y tiemblo. Y es mi casa un manuscrito extraviado y casi tierno, que alguien romperá gozoso para que reine el silencio. Hay una historia escondida en la lluvia que no siento. Hay un país que me llega como si fuese un lamento. Hay también una cascada de discursos y fecharios, que pintan de azul el tiempo y se confiesan eternos.

Ah, la lluvia es un cascabel entonando un happy birthday, y mi casa: un padrenuestro olvidado por los dadores del reino.

Hay un jardín en mi cama de cruces y luces blancas

—Manuel, Manuel, soy yo, la suerte. Traigo un romance perdido, y de mares: un destino. También un sueño de plata y un aguacero sin alas. ¿Qué quieres?

—Es tanto lo que procuro que hasta mi almohada se cansa. En mi alma solo hay huellas de amores que me distancian. Hay un jardín en mi cama de cruces y luces blancas. ¿Puedes darme una guitarra?

—Quieres cantarle a la noche los sueños que nunca danzas. Quieres también que aparezca la novia que siempre escribes. Yo puedo darte en dos cielos los boleros del olvido: hay un corazón perdido en las nieves del quebranto.

—Ah, suerte, haz el milagro: un enredo de palomas me hace un nudo en la garganta. Ya no sé cuál es la historia, ni cuál, la bandera blanca. ¿Por qué debo envejecer si los besos no me alcanzan? ¿Por qué un clavel de domingo en mis lunes se derrama? ¿Por qué no pueden los días vestirse con luz de malva, si hay en mis pies arcoíris, y en mis versos:

remembranza? ¿Por qué de país muero si de patrias amanezco, cuando no ceno en las noches y el corazón es escarcha? ¿Acaso un ángel de luna tiene la bandera blanca?

—Yo soy el ángel que Dios hoy instala en tu garganta: hay esfinges que silencian los sueños que nunca danzas. De nostalgias hoy me nacen los Diciembres de la infancia. Y de dudas crecen árboles. Y de muertes un heraldo por la ciudad viaja y viaja: hay un corazón perdido en las nieves del quebranto. De suerte, llevo milenios. Y de tristezas: naranjos. Y de incertidumbres sangro con mis diez claveles rojos, cuando la espera es la espuma de un aguacero sin alas, y la tristeza la lluvia que en mis lunes se derrama. Dime: ¿por qué si rufián no eres, un puñado de certezas desordena la balanza?

—Certezas tiene mi cama de cruces y luces blancas. Certezas también los días que no vivo: hay agujeros enormes por donde escapan las hadas. Hay inocencias rompiéndose en las nieves del quebranto. Hay prohibiciones que solo puede nombrar el cansancio. Las delicias olvidaron mi dirección y mi llanto. De suerte quisiera yo todo el mar que nunca tuve. Y de regresos: milagros. Y de sábados: el ángel que hoy me ciñe la garganta. ¿Por qué ya nadie me quiere? ¿Por qué debo obedecer si solo Dios me levanta, cuando escorpiones de nieve desordenan la balanza?

—Manuel, Manuel, soy yo: la suerte. Traigo una ciudad dormida por donde vuelan las hadas. Y de novias: un encanto. Y de luz: un campanario. Y de aldabas traigo un piano para tu tristeza blanca: hay prohibiciones que solo puede nombrar el cansancio. Quieren silenciar tus versos con las nieves del quebranto. Pobre aguacero sin alas: de puñales sangro y sangro, cuando la espera es la espuma de diez escorpiones blancos. Mas no temas: las delicias recordaron tu dirección y tu llanto.

HAY UN VELERO PERDIDO EN LOS CRISTOS DEL SILENCIO

I

El silencio es un nenúfar, un insomnio encristalado en el tiempo. El silencio es una tarja, una canción lejana, una cena casi Chaplin, un beso casi luz, un recuerdo perdido en el oleaje, en la senectud de los vecinos y en la embriaguez de los que ya no tocan, ni llaman, ni siquiera preguntan si estamos vivos o no. Hay un velero perdido en los Cristos del silencio. Hay una iglesia dormida en las ciudades del tiempo. Hay también un piano roto en las noches que no siento. ¿Será el silencio el milagro que hoy me niegan los eternos? ¿Será mi corazón la cena casi luz, lágrima casi en los Cristos del silencio?

II

Cuando nadie te quiera, cuando solo tengas un alma sumergida y la ciudad te ignore y el amor también, deja que los ángeles te guíen, deja que Dios te señale el camino: lo imaginable y no, lo supremo y no, lo vivido y no. La vida es un giro en la baraja, un silencio en la ruleta, una catedral sobre un puñado de fósforos. Busca al farolero, búscalo. Busca también al poeta. Ámalo: hay versos en el silencio de las constelaciones. Hay inviernos en la eternidad de los que solo tienen un alma sumergida, una ciudad en subasta, un hijo que apenas comprende, una madre que nunca pudo comprender, un campanario mudo, un puente que nadie sublima para que dancen los duendes, para que padre no tenga los huesos rotos, ni madre la senectud dolida, ni mi hermano la esperanza destrozada. El silencio es el poder: talismán del farolero cuando dice: *Ven a ponerme la luna en la cabeza, tú que tienes domingos en los astros. Ven a buscarme con lluvia de cereza, pues soy tan solo, de la NADA, un trazo. Sé que un día podré, un día ya nacido, ser luz en un vuelo de gaviotas, en ese vuelo sutil y desmedido, que de nupcias me ciñe cuando rotas, en mi cintura el beso más temido.*

III

Cuando los sueños hiciéronle el amor al farolero, dejó el silencio de ser una mordaza, una gema custodiada, un júbilo prohibido, un novio sin manzanas ni rosas. No es que el silencio sea la mordaza, es que la mordaza es el silencio. No es que el silencio sea la eternidad, es que la eternidad es el silencio. Hay una sombra que duerme en el ocaso. Hay una ilusión que nunca se enamora: el antiguo sonido de las copas se fuga en el silencio del oleaje. Razón tienen los milagros: el silencio es un misterio líricamente bordado. El silencio es un suspiro con los pórticos cerrados. De aguaceros y de ángeles llenan las horas su canto, cuando solo nacen coplas en cirios de luna y llanto. Ah, el silencio es una cena casi Chaplin, violín casi: talismán encristalado en los veleros del tiempo, cuando el alma es un misterio líricamente bordado.

Cuando de tarde no llegan las noticias del invierno

I

Cuando de tarde no llegan las noticias del invierno
y estás obstinado. Es decir:

todo a tu alrededor te produce obstinación. La voz de madre ya no irrumpe en las pérdidas sucesivas de una tarde que no ha sabido nunca qué hacer con los sueños, ni con la historia, ni con los asuntos pendientes de una vida que poco o nada le interesa al país, ni a los vecinos, ni a ti mismo que ya no sabes qué hacer con ella en un reloj que dura siglos y nada pasa, y a nadie importa. A quién podría importarle una vida que solo sabe repetirse y no arriesgarse.

II

Los pájaros del Otoño ya no vuelan. O sí. Pero olvidaron la casa donde vives, la calle por donde caminas hace siglos sin tener un encuentro decisivo, la misma calle donde has querido verla una y otra vez y siempre. Pero los pájaros también olvidaron su rostro, tu necesidad imperiosa de hacer el amor como nunca lo has hecho, como siempre has querido, como solo imaginas aunque fuese un error, un gravísimo error de tu imaginación nada diestra en asuntos de cama y desnudeces.

III

Ah, cuando de tarde no llegan las noticias del invierno y no sabes qué hacer con tu vida, con tu propia vida que se deshoja a cántaros sin tener un encuentro decisivo, comprendes que todo, todo, no ha sido más que un error, un gravísimo error de tu imaginación, nada diestra en asuntos de cama y desnudeces.

YO NO PUEDO HACER UNA VIDA NORMAL

Yo no puedo hacer una vida normal. Hay cinismos que propician la duda y la soberbia de ciertos regidores: ferocidad de los que ángel no tienen para merecer una estatua. Yo no puedo hacer una vida normal. Padre sigue anclado en su sillón de mimbre como si fuese un barco presto a zarpar. Madre levita en una cama que solo conoce el silencio, algunas pérdidas y un racimo de dolencias antiguas y modernas. Ninguno de los dos puede ver el cielo. Ni rezarle a Dios en la única iglesia que tiene la ciudad y es tan solo la reliquia que más filman los turistas. Los mismos turistas que luego, gozosos y sonrientes, prometen llevarte a su país. ¿Quién ha visto —dice el más esbelto—

que no se pueda volar, como si la villa fuese el muro de Berlín o la muralla china? ¿Quién ha visto- dice el más apuesto- una ciudad huérfana de luces, huérfana de mar, de ternuras y concilios: huérfana? ¿Quién ha visto -dice el más frondoso- que las delicias no puedan escribir fábulas como si no fuese la isla el mayor de los tesoros, y no llorasen de nostalgias las nieves de ultramar?

¿Por qué adoran la fiereza si la patria es el deleite, y *con todos y para el bien de todos* el milagro supremo? ¿Serán exclusivos los reinos? ¿Tendrá alas la misericordia? ¿Acaso un ardid quien decide *por concepto de*? ¿Por qué instalan diamantes en los bolsillos de los que ángel no tienen para merecer una estatua? ¿Por qué siempre al que le sobra nada concede al que le falta?

Yo no puedo hacer una vida normal. No puedo besar públicamente a la mujer que amo, ni prohibir que las sutilezas sean el souvenir de los turistas que prometen llevarte a su país

pero...

NOCHEBUENA EN LA VILLA DEL ESPÍRITU SANTO

Si no recibo remesas, ni valijas, ni bultos postales made in: esplendor insular de los billetes Washington, de las monedas Nobel, de los avisos cheques. Si nunca he salido de misión. Si nadie me ha invitado a cruzar el océano: cuanto mar desborda los sueños limítrofes. Si de mi país solo conozco algún que otro sobresalto: incertidumbres más grandes que el país. Si en mi propia ciudad soy un ermitaño: hacedor de versos mal pagados. Si nadie quiere pensar el porqué del pan y la cebolla. Si un buen verso no resulta rentable ni económica ni líricamente. Si leer en estos tiempos es una pérdida de tiempo porque la economía, ah, la economía. Si no dispongo siquiera de un levísimo poder- dígase: de un presupuesto que sutil, muy sutilmente se derrame en los billetes

Washington, en las monedas Nobel, en los avisos cheques. Si el regidor solo adora a los músicos, los pintores, los cineastas y los actores. Si cuanto merezco me es negado, por decisión de los que violan cuanto soberanamente no deben violar. Si para ceñir égidas no tengo talento ni carisma. Si me dirigen

como a una marioneta. Si la mediocridad es aplaudida por cuantos necesitan de la mediocridad para no ser descubiertos. Si de nada me vale ser un consagrado, para disponer de cuanto delician los que nunca han sido ni serán un consagrado. Ah, si no puedo cenar como Dios manda, ni como anuncian los ángeles que reinan y conceden:

¿cómo decirle a mi hijo que hoy es Nochebuena, que bendiga la cena y que comparta cuanto soberanamente debemos compartir?

No busquéis la desolación

No busquéis la desolación. Manuel González Busto es la desolación. No busquéis el desamor. Manuel González Busto se desangra para que los romances tengan lunas y las leyendas: sueños. Cuando Manuel González Busto se enamora, hay lágrimas en los parques y azucenas en las tumbas. Cierta vez entregose como si fuese un salmo y no un latido, un latido trivial y monocorde. Cierta vez abriose como la maravilla, y los árboles desprendiéronse, y el campanario danzó como una golondrina, y los recuerdos desbordaron catedrales: rezos que iluminan. ¿Por qué se obstina en nevar? ¿Por qué sigue rasgando tardes olvidadas: astros en la hondura más dudosa y recurrente? ¿Por qué escribe y se esconde, y miente, y jura, y busca, y suplica, y duda, siempre duda, y sueña, siempre sueña, y se burla, siempre se burla, y a nacer vuelve como la novia que reina y es divina? ¿Será su sombra quien trasciende? ¿Será su alma despojo en las riberas? ¿Acaso un pétalo dormido, un mástil deshojado, un vuelo ya vencido?

Ah, no busquéis la desolación. Manuel González Busto se desangra como si fuese la maravilla, como esas azucenas que alguien, sutil y *desalmado*, deja caer sobre su tumba, como si fuese el novio que reina y es divino.

Me duele madre en la única esperanza

I

Me duele madre en la única esperanza
y en el ángel
en el único ángel que me pone a soñar.
Me duelen los caballos en la única ciudad:
los caballos que vuelan   que los hacen volar
y la ciudad la ciudad que no vuela
porque una ciudad sin sueños jamás podrá volar.
Me duele el amor en la única vida
que ya de tanto irse
se nos va de verdad.
Me duele el tiempo en el único reloj
que usaré hasta la muerte
sin comprender por qué.
Me duele Dios en el único evangelio
en el único perdón,
y en la única posibilidad de redención.
Ah,
son tantas las veces que me duele Dios:
tan múltiples las faltas
tan oceánicas las deudas
tan ausentes los ángeles
tan bendito el amor de mi único Dios,

que de tan infinito se me ha vuelto vital
para que nunca nos falten:
el verso y la oración
el concilio y la certeza
y el sueño   el obstinado y polvoriento sueño
que nunca los míseros podrán derrotar.

II

Me duelen los pájaros en el único vuelo
que no puedo seguir   que no puedo alcanzar
como si estuviesen prohibidos los espacios del cielo.

Me duele padre en la única vejez
en su equilibrio roto como una rama seca,
como esos riachuelos que apenas nombra Dios
y solo tienen piedras en su alma de nieve.
Me duele mi hermano en la única cordura
y en los barcos que naufragan
en su único vientre.
Me duele el horizonte en el único iris
que apenas se desliza de tanta infinitud.
Me duele el mar en el misterio supremo
y en la sutil liviandad de su belleza.
Me duele la infancia en el único retozo
en la primera vez de todo sortilegio,
en la certeza absoluta de su fuga
y en la no menos absoluta convicción
de su retorno.
Me duele el polvo en la única tumba
y en el único olvido que nunca rezaré.
Me duelen las novias en el único tiempo
y en los únicos bríos que ya nunca tendré.

Me duele esta noche en que intento ser otro
y vuelvo a ser yo mismo:
pero más rutinario
más perdido
más doliente y subjetivo
más frustrado que vencido
más paranoico que político
más dramático que moralista
y sobre todo:
más viejo   mucho más viejo
y más cobarde
de cuanto hubiese querido.

III

Me duele madre en la única esperanza
y me duele Manuel en la única vida,
que ya de tanto irse

se le va de verdad.

Cuando de tarde llueve, las gaviotas del amanecer encuentran un silencio prodigioso para que los amantes tengan un destello y una oración. No se sabe aún por qué las gaviotas encuentran diamantes en los silencios que solo propicia el amor. Lo cierto es que no todas tienen esa dicha-ese don- diría Inocencio: el amor es un ardid para buscar la felicidad eternamente y no cansarse. Lo cierto es que cuando en las tardes llueve, Inocencio se pone a mirar a través de la ventana no sé qué suerte de magia, no sé qué suerte de vino, no sé qué suerte de humareda febril y displicente, que le proporciona una hipnosis jamás vista en la villa del Espíritu Santo. Y es que Inocencio es Inocencio de muy múltiples maneras. No entiendo- decía- cuando así explicábale el único filósofo que aún cree en misterios, revelaciones y hechicerías. Es muy fácil: tú eres tú, pero cuando las gaviotas del amanecer encuentran diamantes en el silencio, eres Inocencio De Las Reminiscencias, y entonces llega Sonia Silvestre y te pregunta *por qué llora la tarde*, y sabes que es por Maidolys, por Maidolys De Los Olvidos, aquella que quiso poseerte sin saber si estabas listo para ser desvirgado, y en un enormísimo cuenco hizo arder todos los rones, los vinos y las cervezas de una abstinencia prolongada. Y cuando ya te sabía ebrio, te esperó en la esquina menos pública, y te sentiste en el paraíso cuando derramose sobre el banco, y luego tú sobre ella, y ni cuenta te diste que el banco era de mármol, coño, qué duro el mármol, pero Maidolys De Los Olvidos se abrió de un modo tan fluvial, que te hizo sumergir en lo que luego recordarías como la embestida del Titanic; coño, qué lástima que al menor indicio de una cordura desatada por la Danza de los Delirios, Maidolys De Los Olvidos te miró desafiante como si estuvieses decapitándola, y te hizo sentir culpable, y te hizo sentir victimario, y te hizo mirarla cabizbajo, y bajo la tenue luz de un farol casi lágrima, naufragio casi, te mostró el clítoris con una expresión tan soez, que luego recordarías como la única gestualidad de la que realmente te habías enamorado. Y como si fuese la mismísima María Antonieta de Austria, te ordenó subirte los pantalones y llevarte el gran cuenco con los rones, las cervezas y los vinos de una abstinencia prolongada. Y obedeciste. Caminaste calle abajo imaginando que ibas calle arriba. Y cuando miraste el reloj ya eran las seis de la mañana: las cosas que me pasan, coño, cómo estará mi madre que siempre me alertó contra Maidolys, contra los peligros de asaltantes, violadores y toda suerte de rufianes que últimamente han estado asolando la villa del Espíritu Santo y cuanto rincón propicio hay en la isla. Ah, Inocencio, si no fueras tan cobarde, tal vez Maidolys no se hubiese ido con la estela de ángeles que cierta tarde de lluvia te hicieron escribir tu primera novela, o como diría el filósofo: tu primer intento de lidiar con los que siempre te han vencido, como si ella, Maidolys De Los Olvidos, mereciera figurar en tu Literatura, como si todo cuanto has imaginado no estuviese escrito por cientos de arcángeles y demonios que te poseen como si fuesen también la embestida del Titanic. Pero mejor sigues, y cuentas de una vez qué pasó la tarde en que las gaviotas encontraron diamantes en el silencio para que los amantes tuviesen un destello y una oración. Y fue Dios la magia. Y fue la lluvia el hechizo del que nunca has podido librarte. Y hubo una tristeza tan oceánica que aún sigues sin comprender por qué la tristeza reina de un modo tan soberano. Y fueron más las preguntas que las respuestas. Y sigues sin saber de Maidolys. Y se te ocurre que la tarde es una rosa: se deshoja a cántaros cuando llueve y el alma se parece a los naufragios. Y el corazón es un réquiem, una isla, un aguacero, un latido que no puedes evitar. Ay, Inocencio, te dice el filósofo, arriésgate de una vez y encuentra la felicidad. Pero la felicidad se te antoja un juego de póker, un pulso inédito, un jardín con hadas, un país que solo existe en las fabulaciones del filósofo, del único filósofo que aún cree en misterios, revelaciones y hechicerías. Y cuando llega la noche pones el noticiero como quien obedece un ritual. Anormal sería no ponerlo, te dice el vecino que lee la prensa con una voracidad que tampoco logras comprender. Pero no hay circos, ni magos, ni caballitos azules, ni palomas doradas, ni muchachas que se parezcan a Maidolys, a Maidolys De Los Olvidos, ni mares desbordándose en las calles, en la imaginación de los poetas que aún siguen buscando la ternura: una mirada siquiera que ancle en las profundidades de un erotismo obstinado, asediado por prejuicios que no puedes exorcizar y que siguen reinando en sortilegios que complican la historia, tu historia, esa que no sabes si trascenderá o no. Al carajo la trascendencia, te dice el vecino que duerme con los periódicos como si fuese de vida o muerte leerlos. De qué te valdría, Inocencio, si vas a estar muertecito, sin poderte mover, ni respirar, ni ver la ciudad donde naciste e imaginaste que siempre estarías. De qué te valdría si no verás más a Maidolys, ni a los poetas, ni a los vecinos, ni al hijo que tanto adoras y no quiere ser escritor. Ay, hijo, si yo tuviese tu talento. Pero sabes que tiene razón: que nunca dan nada, ni siquiera un auto: qué auto ni qué carajo: ni una bicicleta, ni un teléfono, ni un reloj, ni un par de zapatos, ni una casa cuando por el techo se desliza la lluvia y desborda los pisos, las almohadas, la ingenuidad de los niños que siguen preguntando por qué no pueden comprar los juguetes y las confituras que exhiben en las vidrieras, porque no pueden tener unas vacaciones como deben ser las vacaciones, y no esas carpas donde el calor es tan oceánico, que prefieres dormir a la intemperie y luego levantarte como si te hubiesen dado una mano de palos. Pasarte eso a ti, Inocencio, que le has dado a la Cultura Nacional cientos y cientos de poemas que hoy codician como si fuesen helados, visas a París o boletos para viajar en cruceros que solo has visto en las películas. Ah, Inocencio, qué ironía: tú, el autor, sin conocer a qué sabe un crepúsculo de besos, una orgía de titanes, un juramento de amor: la vida misma, Inocencio, que dura un suspiro, un aleteo, un *hasta luego*, un *ya no puedo*. Y después te olvidan, como dice tu hijo, *porque la vida, la cabrona vida sigue igual.* Tú, que sigues dándolo todo por la Literatura como si te diera cuanto deseas antes de irte de este mundo. Y te duele Maidolys, que ni una lágrima derramará por ti. Te lo confesó una mañana que ahora recuerdas con una nitidez tremenda: tengo el corazón como una roca, Inocencio, como una roca. Pero nunca imaginaste la veracidad premonitoria de aquella confesión. Ah, si la vida fuese un concierto de hadas, un escenario donde sonríes y no cesan los flashes, y tus libros le dan la vuelta al mundo, y tus versos embrujan a Maidolys que no duda en afirmar: es el mejor, el poeta del éxtasis, el poeta del dolor y la incertidumbre. Un escenario donde la escatología es derrotada por el lirismo. Está bueno ya de escribir sandeces, palabras que saben a hiel, a ruido, a malabares y acrobacias desesperadas, a ganas de figurar, *de ser la figura, coño, la figura,* como escribiste en cierta carta que Giselle nunca contestó. Y pones el noticiero. Pero no hay loterías que puedan ganarse fácilmente, como dice el vecino que más viaja, ni ciudades con jardines impecables, ni calles con sabor a chocolate, ni hoteles que lleguen al cielo, ni campanarios que te anuncien como hacen con ciertos visitantes. Y se te antoja el mundo una mentira, una enormísima mentira que nadie ha querido revelar para que no mueran los sueños, ni las esperanzas, ni los delirios del filósofo que asegura haber encontrado joyas que una vez pertenecieron a Isabel la Católica, y deslumbran a los arqueólogos cuando en las tardes llueve y las gaviotas del amanecer encuentran diamantes en el silencio, en el único silencio que da noticias de la luna, la misma luna que madre ciñe con lazos azules, y la sienta en sus piernas y la acaricia con una devoción jamás vista en la villa del Espíritu Santo. Ah, es una maravilla la luna- dice madre sosteniéndola con un dedo, con el único dedo capaz de hacer milagros cuando la cena es una adivinanza que nadie logra descifrar. Solo tú, Inocencio, te sientas a la mesa con una resignación propia de los cisnes y de todo cuanto reza en las enciclopedias líricas. Trazas versos con el tenedor que luego desaparecen y hoy decides cifrar para que la posteridad no se quede sin ese testimonio. Lo cierto es que tú, Inocencio De las Reminiscencias, no imaginaste nunca que el amor fuese el silencio, el mismo silencio que cierta tarde te hizo escribir tu primera novela, o como dijera el filósofo, tu primer intento de lidiar con los demonios que siempre te han vencido, y que Maidolys De Los Olvidos insiste en perpetuar. *Lo cierto es que cuando en las tardes llueve, las gaviotas del amanecer encuentran un silencio prodigioso para que los amanten tengan un destello y una oración.*

HAY TRISTEZAS MÁS GRANDES QUE UN OCÉANO

Doración crepuscular a las estatuas

Poema escrito por mi hijo Manuel Alejandro
cierta tarde
en que los ángeles fugáronse

Aún busco mi corazón y no lo encuentro. ¿Se habrá quedado *en la maleta*? ¿Levitará en algún sitio de mi cuerpo: ese cofrecillo sin llaves? ¿Se podrá vivir sin corazón? ¿Será una moda? Dicen que sin él no se sufre, ni se llega al numen, ni se precisa de brújulas para la sublime inquietud: esa adoración crepuscular a las estatuas.

Aún busco mi corazón y no lo encuentro.

¿Usted tampoco?

Mi amor es un amor sin romances ni perlas

I

Mi amor es un amor sin romances ni perlas. Es un amor perdido. Es un amor guardado en sabe Dios qué cuerdas milagrosas del tiempo. Mi amor ha sido múltiple como esos carruseles que giran sin historia, sin nombres ni ciudades, sin caricias ni estatuas que griten sus roturas, sus astros polvorientos como un verano muerto, como un templo sin dioses, como una oración que nadie ha querido escuchar. Mi amor es una lágrima: cáliz desbordándose en los días, en los mares que se alejan como si fuesen gaviotas. Para escribirlo no hacen falta tristezas. Ni orejas cortadas al estilo de Van Gogh. Ni atardeceres silenciosos como una postal de invierno. Tampoco saber que los trenes van vacíos, más vacíos que el aire y el alma que nos falta. ¿Acaso el olvido, su único pasajero? ¿Nos esperan, acaso, en algún sitio? ¿Esperamos un tren que llega siempre vacío? ¿Acaso el amor: una vértebra rota? ¿Acaso el lauro nunca concedido? ¿Será su alma un collar antiguo, una caricia espuma, un susurro mar? Lo cierto es que nunca se derrama. Lo cierto es que llora cuando las guitarras duermen. Y es la lluvia quien escribe. Y es el silencio quien perdura. Y es la eternidad una sílaba, tan solo una sílaba en la senectud de los días, en el polvo de las puertas, en los sueños milagrosos del tiempo: relojes que descifran misterios crepusculares.

II

Mi amor es un guerrero que jura amor eterno, ay, pero guerrero al fin, murió mucho antes de comenzar la batalla.

La ciudad no existe. El campanario tampoco. Sus campanas son palomas extraviadas en la embriaguez de los turistas que niegan el alma, se deslizan como reyes y sonríen cuando reparten migajas a quienes tampoco existen y son el divertimento más original de los turistas. ¿Será que la ciudad respira en bolsillos nórdicos, en boleros mares y en ideas humo? ¿Será que los ángeles, ah, los ángeles, solo danzan en la mano proverbial de los turistas? ¿Quiénes son, realmente, los monarcas? Nunca imaginé que los milagros tuviesen nombre. Nunca imaginé que las delicias fueran exclusivas. Nunca imaginé que la ciudad fuese una moneda nórdica, un flash londinense, una góndola parisina.

Nunca imaginé que mis contemporáneos y yo fuésemos los protagonistas de un drama que solo respira en ciudades himnos, en discursos lluvias y en relojes niebla. ¿Acaso las vidrieras se enamoran solo de los turistas? ¿Saben los monarcas cuánto debe hacerse para que el presupuesto rutile con *todos y para el bien de todos?* ¿Será la ciudad, un espejismo? ¿Serán los turistas los nuevos embajadores de Fernando e Isabel? ¿Serán los indios cuanta maravilla flamea en altos dividendos? ¿Será el rey el divertimento más original de los turistas? ¿Habrá que recordarle al rey que la patria es el evangelio más sagrado? ¿Habrá también que recordarle que los poetas no son ofertas de subastas invernales? ¿Por qué adora el rey derramar lisonjas sobre la nieve sutil del violinista? ¿Por qué miente cuando vislumbra arcas que luego rutilan en su palacio insular? ¿Por qué al más virtuoso concedióle solo una onza, una ligerísima onza de su caudal? ¿Acaso también los ángeles se sumergen en el tesoro nacional? ¿Por qué solo el violinista, los poetas tigres y las princesas cuervos pueden deleitarse en el palacio insular? ¿Acaso el rey la mayor de las ofertas? ¿Acaso el templo donde se arrodillan quienes amados son por las lisonjas? ¿El puerto, acaso, donde felices anclan navíos y embajadores? No hagáis ruido. El rey delira como si el teléfono fuese la consagración y no el heraldo donde sobrevuela el presupuesto *con todos y para el bien de todos*.

EN LA DOLENCIA ABISMAL DE NUESTROS HUESOS

I

Hay días que son como la muerte, como si los sueños se hubiesen fugado y quedara solo una edad imprecisa, visionaria como el silencio, como esas infinitudes en la dolencia abismal de nuestros huesos, y en la no menos abismal incertidumbre que nos transmuta en polvo. Son días tan parecidos a la niebla, tan semejantes a la fragilidad que los fantasmas escriben espejismos, como si la vida fuese un oleaje de palabras truncas, una puesta en escena, un guión inconcluso, un aplauso fugaz, un nacimiento único, un corazón de espadas, un bostezo de nieve que nos transmuta en polvo. ¿Será la novela que nadie escribirá? ¿Será la oración que tan solo reza el miedo? ¿Será la eternidad en la dolencia abismal de nuestros huesos? ¿Nacimos para escribir historias que la propia historia cuestionará en infinitas sucesiones? ¿Sabrá padre que ya nunca podrá amar? ¿Sabrá que la ciudad es el olvido y el más filoso de los epílogos? ¿Por qué pueden las máscaras ser magia y sinrazón, y herir, y filmar, y a carcajadas renacer domingo en el puñal? ¿Serán las máscaras el inicio de infinitas sucesiones? ¿Es posible perder la fe? ¿Es posible no pensar? ¿Es posible tener ochenta años y estar anclado en el olvido?

II

Hay días que son como la muerte, como si en el alma fuese lunes y no romance, y no París, y no clavel, y no invierno de fresas perdurables, y no alquimia de rutinas memorables: ministros nieblas, palacios sábados: islas novias que cuestionará la historia en infinitas sucesiones, como si la vida fuese un carrusel, un campanario, una golondrina, un caracol extraviado y no un racimo de decretos, una fecha impostergable, una lluvia de promesas, una genuflexión y otra y otra, un bosque de ciervos encantados: esa egolatría desmedida, esa inversión de subjetividades, rangos y utopías para que dancen los palacios sábados, las heridas islas, los ministros mares.

Ah, hay días tan parecidos a la desesperanza, que solo un bosque, un bosque de ciervos olvidados instala su monarquía en el silencio abismal de nuestros huesos, y en la no menos abismal filantropía de ciertas realidades que aún siguen desangrándose, para que dancen, gentiles y dadivosos, los ministros mares.

Un reloj en la cabeza es sumamente peligroso

.

La gloria no respira: se aleja. No sabe si es olvido. O bastón. O solapa. Ni siquiera sabe si es gloria. ¿Será que ciñe Césares? ¿Será que llueve máscaras? ¿Será que nace en la dorada lágrima del tiempo? ¿Por qué no tienen luz las decisiones? ¿Por qué no tienen piel los testimonios? ¿Por qué, bajo tapices, la evidencia? ¿Por qué las ilusiones no tienen pasaporte? ¿Por qué sin visa los clamores tiempos, las urgencias trámites, los olvidos lunas? ¿Por qué solo anclan happy birthdays fugaces?

Ah, el reloj, como la gloria, no está en mi mano izquierda. Ni en la foto. Ni en los versos. Ni en las campanas que nunca doblarán por mí. Está en mi cabeza. Un reloj en la cabeza es sumamente peligroso cuando la vida es un cronograma, una opinión, una lluvia de rostros que no quieres recordar, un domingo que te olvida como si fueses una insignia. La vida es también un fechario del que apenas puedes librarte, una subasta para que nunca falte el pan en la fiereza del cáliz, en la genuflexión del rey que sigue cenando como si la ciudad fuese un pastel, y mi sonrisa: un paredón. —*Una tristeza encendida ilumina desde el cielo, la noche que más anhelo con lunas de lluvia fina*- Así dijo la gloria, así dijo, antes de ser tan solo un fechario, un domingo que te olvida como si fueses una insignia.

En el lírico anclaje de las revoluciones

Hablan como si la esencia no fuese el miocardio: faro que la eternidad suplica para que la Historia tenga un corazón fiable, y puedan, los ídolos, tener una muerte lógica, una razón múltiple, un oleaje en la sucesión. Disertan como si las palabras fueran marionetas, como si la culpa no tuviese dueños, como si los dueños no condenaran en su nombre, ni cenaran los mediocres la genialidad de los auténticos. Hablan como si la verdad no tuviese heraldos en el lírico anclaje de las revoluciones, ni la utopía novios discursivos, novios problemáticos: artífices novios, mientras el rey Sol pregunta: ¿acaso no soy la historia, la única historia creíble que podéis contar?

Hablan como si la esencia no fuese el evangelio, como si no nacieran poetas en el lírico anclaje de las revoluciones.

Ah, qué monarcas tan complicados.

Consejos rutinarios o erase una sombra cansada de iluminar cenizas.

No es bueno saber demasiado cuando en realidad no sabes nada. Ni confesarse con el hermano no tan cáliz como máscara, no tan lluvia como vino, no tan dádiva como rictus. No es bueno estar cuando te ignoran, ni opinar cuando las opiniones danzan en las sombras, en destellos aislados y no en la sucesión. No es bueno ceñir la táctica, cuando sus acordes precipitan duraznos y navajas. No es bueno tenerlo todo o casi todo: te aburres y mueres. Ni rasgar cuando no sabes, o sabes, pero nunca fuiste un buen gladiador, ni un buen samaritano, ni siquiera alguien con quien caminar bajo la lluvia, tomarse un .café, o simplemente, secarse una lágrima, una tristísima lágrima de luna y soledad. No es bueno ser el obediente, ni el decisor que nunca se equivoca: seguimos siendo un medio básico, y corremos el riesgo, de rodar o perecer.

Hay tristezas más grandes que un océano

I

Hay tristezas más grandes que un océano.
Hay sueños que desbordan planetas.
Hay tardes tan parecidas a la desolación
que solo una mirada
una mirada de luna y campanario,
una mirada de ámame y no preguntes,
podría salvarnos.
Son tardes nacidas de un pincel lejano
de una ilusión sin alas,
de un concierto de islas en la proximidad
de los mares,
y en el silencio de las gaviotas
que han perdido el rumbo,
y no saben qué hacer con sus alas enormes
con sus besos de nieve,
con sus nubes de nunca
y sus lágrimas de siempre.

II

Hay tristezas más grandes que un océano.
Mi madre y yo miramos
cuánto hace la lluvia con la tarde,
cuánto de eternidad nos vamos
a pedir que nos quieran,
a suplicarle a Dios una ilusión con alas
un otoño con música,
un corazón más grande que la tarde
para que los ángeles puedan
violines en el alma:
besos en la espera.
Ah, nomeolviden ángeles,
cuando seamos tan solo polvo
en las aldabas,
cruces en la desesperanza
en este no amar nunca que obstina
y permanece.

III

Hay tristezas más grandes que un océano.
La tarde en que hice el amor
no había nacido.
Fue una sombra quien derramose
sobre una languidez que tampoco
había nacido.
Las palabras fugábanse sin comprender
por qué hay tronos sin Dios,
por qué las destierran en nombre de otras
que condenan y apuñalan,
como si el estilo no fuese una gema
única,
y no emergieran luces en la lírica fugaz
de los auténticos.
Ah, la tarde en que hice el amor
no había nacido.
Ahora
solo me queda la certeza,
la terrible certeza de saber
que hay tristezas más grandes que un océano.

Si la ciudad fuese un diamante

Si la ciudad fuese un diamante

Si la ciudad fuese un diamante
con qué amor la ceñiría.
Pero la ciudad es un alero
un callejón,
un café compartido
una rutina enorme,
un puñado de tejas suspendidas
un parque huérfano de árboles,
huérfano de novias
de ilusiones y miradas: huérfano.
En mi ciudad la mentira
es la más sutil de las estrategias.
No me refiero a la patria.
Ni a las mentiras piadosas
abstractas
o concretas.

Me refiero a los que calentitos
y bien alimentados por la patria,
pronuncian discursos que son una delicia,
para luego lisonjear a cuanto ingenio
o maravilla
adora recibir dádivas:
jugosísimas dádivas que luego transmutan

el corazón en polvo.
Los adorablemente calentitos
viajan en autos
que costea la patria con el tesoro nacional.
También en aviones
made in universo,
y en cada travesía
desbordan valijas que no puede la patria.
El hombre- aseguran-
actúa y piensa según vive.
Cuando los calentitos van a los hoteles
llevan a los hijos de otros calentitos,
que también pronuncian discursos deliciosos
y usan manillas que costea la patria:
manillas oros manillas euros: Aladinos manillas
y un enormísimo bufet sobre los mares más tibios,
para que los calentitos puedan sumergirse
como si fuesen medallas o trofeos,
como si no sangrara el tesoro nacional
y no estuviese la patria
pariendo un corazón, ay , un corazón,
que ya vislumbran los artistas, los astrólogos,
los filántropos, los ideólogos,
los que tienen alma para emigrar
los que no la tienen,
los perdedores, los incrédulos, los triunfadores:
los que no entienden nada

los que no se ocupan ni se preocupan:
los que mienten soberanamente,
los que saben que no hay
que no puede haber una patria mejor,
los que ascienden y gustosamente dan la vida
y patria o muerte dan el alma,
y tiernamente son la ofrenda
la ofrenda que precisa el tesoro nacional:
esos   los todos   los *aquí estamos y punto*,
no permitirán nunca que los calentitos
los adorablemente calentitos
y bien alimentados por la patria,
transmuten el corazón en polvo:
como si no fuese la ciudad un diamante,
ni el padrenuestro el credo   que soberana
muy soberanamente,
diluvia versos como puñales
en las valijas que aún siguen desbordando
sobre los mares más tibios del universo,
mientras la patria se desangra
ay, se desangra,
pero...

PARA SER UN POETA CONTEMPORÁNEO

Para ser un poeta contemporáneo debo escribir poemas incomprensibles, sumamente retóricos y altisonantes para una sensibilidad demasiado angustiada de tanto leer, precisamente, poemas contemporáneos que luego reciben altos dividendos en nombre de quienes nunca, nunca, escribieron poemas sumamente vocablos, sumamente chasquidos, sumamente diluvios, y el alma cuestionándose la eternidad de los tales, que aún siguen exhibiéndose en vidrieras nocturnas, en reclamos feroces, en aullidos romances, en tertulias victrolas, y los sumamente angustiados pidiendo, por favor, un lirio, una selva de olvidos encrespados, un jardín de leyendas casi luna, un perfume de invierno casi sueño, una tarde de amores casi mar, una noche de besos casi cielo, un recuerdo de noches casi isla: amanecer casi. Para ser un poeta contemporáneo debo escribir:

Hay confusión en las palabras, en los rostros, en los parques que desaparecen como si fuesen faroles, espejismos que los arqueólogos no cesan de magiar para que no mueran las fábulas, para que no dancen las sombras, para que no naufrague la ciudad en la fiereza del océano, en la palidez de unos huesos que nunca tendrán nombre, ni estatuas, ni noticias en las esperas que nos sajan, nos derrumban, nos destierran como si también escribiésemos como los cientos, miles, millares de poetas que aún siguen exhibiéndose en vidrieras nocturnas, en reclamos feroces. Y se sientan reyes. Y se sientan soles. Y se sientan imprescindibles según la moda, según la crítica, según los que premian poemas sumamente retóricos, sumamente vocablos, sumamente chasquidos: y túneles, y páramos, y sexo, mucho sexo, y sajadura, mucha sajadura, y transgresiones, muchas transgresiones, y retoricismo, mucho retoricismo, y al carajo el lirismo, el buen gusto, la ingeniosidad, el placer estético, la armonía, los poetas sublimes, los poetas audaces: idiomas poetas, y la eternidad agradecida, sumamente agradecida de no estar a la moda, de no estar a la crítica, de no estar con los que premian poemas sumamente retóricos para no morir de eternidad, para no morir de leer, angustiada, angustiadísima, poemas contemporáneos que luego reciben altos dividendos porque la poesía, ah, la poesía.

¿Debo ser, entonces, un poeta contemporáneo?

PÁGINA WEB

Ahora la fama es digital. Desesperados, no cesan de invocar galeones con inciensos de menta y mieles del Partenón. Ya en alta mar, cuando vislumbran cuanta Wikipedia flamea, echan a volar fotos, Curriculums y genialidades como si fuesen globos, que asombran a los más sabios de ultramar, quienes, solícitos, canonizan mástiles, sirenas y aparecidos con lienzos tan geniales, que el mismísimo pontífice no duda en bendecir. Ah, qué delicia Google: quedose sin barcos cuando los globos crecieron de un modo tan vertiginoso, que no alcanzaron los cielos, ni los mares, ni los discursos, ni los aplausos, ni las entrevistas, ni los epigramas, ni los lauros, ni las historias, ni los altos dividendos, ni los títeres, ni los títeres de los títeres, ni los derechos, ni los que urden certámenes, ni los que trafican su propio cuerpo, ni los auténticos, ni los que no tienen almas: los *quiero pero no puedo,* los *soy pero no me dejan,* los *era pero ya no soy*: esos que magian para irnos con Facebook en cuanta góndola rutila y en cuanto destello hace feliz a Google que agradecido me invita, pero los más geniales aconsejan: —Paciencia, por favor, mucha paciencia: la WEB es infinita, los globos seguirán creciendo, y los e-mails, y los puertos, y las contraseñas, y la bolita girando y girando *verde que te quiero verde:* verdes páginas, verdes íconos, verdes réplicas para que no tenga usted que morir con las puertas cerradas, con el aire enjaulado, con el tiempo vencido: sin boletos como guirnaldas, sin lámparas como Aladino, sin veranos como tronos, sin noticias como monedas: nominaciones como ángeles, estatuillas para un Cervantes, para un Oscar, para un Grammy ,para que no tenga usted que morir:

www.ábretesésamo.loquierotodo.@gmail.com

II

Ahora la fama es digital. Google sigue invitándome,
mientras los más geniales siguen copiando,
cortando
pegando,
para irnos con Facebook en cuanto galeón desborda los bolsillos de Google, ah, los atribulados bolsillos.
Lástima que no crezcan los altos dividendos...

Poema que cierta vez enamórose

Apenas se sentó
la camarera detallole minuciosamente:
cada delicia   cada sabor   cada precio
cada elección,
como si pronunciara un discurso
o algún poema memorable
del no menos memorable José Ángel Buesa.
Con sesenta años el señor
casi virgen   adolescente casi,
ordenó perplejo cuanta maravilla pareciole
impostergable   y al instante,
un ejército de fuentes instalose airoso
como si el señor fuese El reino de este mundo
y no el mundo donde siempre había reinado el señor.
Ese día   el poema que cierta vez enamorose
declarado fue patrimonio universal,

por los siglos de los siglos de las camareras
los barman
y los chef,
que pronuncian discursos como si Roma
hubiese resucitado,
y no soñara el señor   casi virgen   niño casi

con cierta camarera que un día detallole
minuciosamente,
cada delicia   cada sabor   cada precio,
como si el señor fuese El reino de este mundo
y no el mundo que deliran
quienes aún creen en este mundo.

Ah,
bendito sea el señor
y bendito el poema que cierta vez enamórese.

La mujer del ministro y sus hijos están en Francia. No juzguéis mal. Ni la mujer del ministro ni sus hijos se han exiliado. Ellos, simplemente, decidieron pasar sus vacaciones en París. Algo muy natural en estos tiempos, para la mujer de un ministro y sus hijos.

Si realmente no sabes qué hacer con la palabra, cuando las opiniones festejan el naufragio del talento, nunca la pidas. Si hay derrumbes en los niveles de dirección porque todos quieren ordenar, deja que tu alma sea el boleto, el único boleto merecedor cuando la verdad es una baraja, un paraguas, un laberinto, una cena, una versión, un guión cinematográfico, un pasaporte, una firma, un *tal vez*, un memorándum, un *qué me importa: juguemos, juguemos a*. Según los iconoclastas, la instancia municipal es de fresa, la provincial: de menta, la nacional: de almendra, y la internacional: de chocolate. No dejes de cuestionarte si son ardides los iconoclastas, si son rebaños las emociones, si hay Pinochos en la versatilidad del único rey que adora la palabra cuando las opiniones festejan el naufragio del talento, y la mentira es un estampido, un púlpito que solo ciñen para elogiar a los opinantes- dígase: a los alquimistas más geniales de la corte. ¿Seguirá La Gioconda en el banquillo de los acusados? ¿Tendrá heraldos la mentira? ¿Por qué levan anclas los tronos? ¿Por qué duermen las medallas cuando la verdad es la misiva que solo escriben los poetas, y el orden público: un memorándum? ¿Será de miel el sueño de los moradores? ¿Será de lentes la censura? ¿Serán uvas los errores?

Ah, si realmente no sabes qué hacer con la palabra deja que tu alma sea el boleto: tiene ángeles que destierran los Pinochos del rey.

FÁBULA DEL DÓLAR Y EL EURO

Cierta vez el dólar le dijo al euro:

—¿Por qué siempre me vences? ¿Por qué me excluyes, como si no fuese la maravilla, y no festejara delicias navideñas, delicias insulares: Giraldillas delicias, y las alforjas derramándose para que todos inicien la Danza de los Sabores, mientras los turistas anclan sonrisas monetarias y promesas crepusculares? ¿Por qué solo hay máscaras y mercaderes *y espera, espera siempre, y cállate, y arrodíllate, y quién te crees*, que precipitan lluvias en la desértica virginidad del paladar? ¿Por qué en la cena solo encuentro mariposas, sirenas y lagos? ¿Será la cena un espejismo que los nativos alquimian? ¿Será exclusiva? ¿Hay que reinar para merecerla? ¿Será el deseo, un príncipe encantado? ¿Será el amor, un trono? ¿Será la suerte, un clavel? ¿Serán los besos, una fábula? ¿Serán las caricias, una galaxia? ¿Habrán viajado al cosmos los sentimientos? ¿Podrán los enanitos apagar las velitas? ¿Podrá Blanca Nieves morder la manzana? ¿Podrá Meñique derribar el árbol? ¿Podrá Caperucita cenar con su abuelita? ¿Festejarán los novios la desértica virginidad del paladar? ¿Es cierto que la tristeza hizo el amor? ¿Es cierto que al olvido le dieron el premio Nobel? ¿Es cierto que las novillas solo pastan en la luna? ¿Habrá hoteles en el océano? ¿Será un decreto, el mar? Ah, euro, soy una sombra cansada de iluminar cenizas, de confesarse íntegra y cordial cuando la eternidad es tan solo un campanario, una sonrisa monetaria, una aldaba en la dorada senectud de los supremos, y en la no menos dorada embriaguez del alquimista. Si me dieras un hada, tendrían los sueños un padrenuestro, y los novios: un happy birthday en cuanta maravilla hace de la ciudad la más subliminal de las metáforas. ¿Sabías que el alquimista hace milagros con los huesos? ¿Sabías que los magia hasta el tuétano, hasta saber cierta cada hilacha, cada nudo, cada duende en la hervidura proverbial? ¿Sabías que los dones extraviáronse en rumores volcánicos, en monedas sutiles y en lisonjas fugaces? ¿Sabías que Gulliver naufragó en la desértica virginidad del paladar? ¿Sabías que los añejos, tristes y solos, se mueren viejos? ¿Sabías que la reina aún busca el espejo mágico? ¿Sabías que Caperucita ayuna desde que las novillas pastan en la luna? ¿Sabías que los vuelos enemistáronse? ¿Acaso la isla flamea en las alforjas? ¿Será la isla, un romance? ¿Será la patria: un concierto, un crédito, una firma, un aplauso, un noticiero, una tarde tenue, una noche nieve, un discurso noche, un desfile idilio: un cofre donde navegan, felices, las ideas? ¿Por qué los teléfonos nunca responden? ¿Por qué, si *patria es humanidad*, sigue la humanidad mintiendo, deshaciéndose *en menudos pedazos*? ¿Será la patria, el Edén? Si me dieras un beso, no moriría de azul la luna, no moriría de olvido el mar: los sueños no morirían, ay, de esperar y esperar. Ah, euro, es mi reino quien salva con cifras de: *pidan, pidan, no mueran de iris, no naufraguen de sueños, no sangren de sabores*. Ah, euro, ¿será un patrimonio la desértica virginidad del paladar?

Así dijo el dólar, y así también resucitó la isla en la hervidura proverbial, y en la no menos proverbial lucidez del alquimista que aún busca el espejo mágico, mientras los enanitos salvan a Gulliver con sonrisas monetarias y promesas crepusculares.

Oda al cobrador de impuestos

Oh, Cobrador, que no estás en el cielo
pero estás en la tierra:
bendito seas entre todos los impuestos
y bendita la cifra de tu cosecha insular.
Eres la esperanza que desborda nuestras arcas,
para que nunca nos falte el pan nuestro
de cada día,
la carne nuestra de cada cena,
los juguetes y las confituras nuestras
de cada niño,
los vinos, los versos, y las píldoras
de nuestros padres nuestros
de cada lágrima,
los *somos*, los *vamos*, y los *seremos* nuestros
de cada marcha,
los asombros, las gardenias y las uvas nuestras
de cada júbilo,
los astros, los vuelos y las misivas nuestras
de cada límite,
los mares, los aplausos y las emociones nuestras
de cada encuentro,
los milagros, las ciudades y las plegarias nuestras
de cada rezo,
los deseos, las dudas y los pesebres nuestros

de cada invierno,
los cansancios, los happy birthdays y los hoteles nuestros
de cada *quiero*,
los sueños, las incertidumbres y la patria nuestra
de cada lauro,
los *brindemos*, los rituales y los himnos nuestros
de cada credo,
los toma, toma los míos, y las misericordias nuestras
de cada olvido,
los tengo, vamos a ver, que ya tenemos todo
lo que teníamos que tener.

Oh, Cobrador, que no estás en el cielo
pero estás en la tierra:
bendito seas por los siglos de los siglos de nosotros:
los poetas, los músicos, los actores,
los cineastas, los bohemios, los pintores,
los perdidos, los alucinados, los suicidas,
los ningunos, los nunca, los apenas,
los casi, los *cállate*, los *olvídate*,
las putas, los sonámbulos, los gays,
los obstinados, los crédulos, los *no puedo,*
los *no entres*, los ingenuos, los *confórmate,*
los *espera, espera siempre,* los problémicos,
los marginados, los aturdidos, los frustrados,

los idiotas, los *dame un trago*, los míseros,
los , *Ay, que se me muere,*
que me muero, coño, y no me salvan,
y no conozco, y no distingo, y no país,
y no amigo, y no hermano, y no mundo,

y no bolsillo, y no certeza, y no idilio:
nosotros, los locos, los imprescindibles locos
que aún sueñan,
que aún siguen buscando las ilusiones perdidas,
las promesas olvidadas,
los duendes que danzan en la luna
y encuentran sinfonías en el polvo:
hadas en la desmemoria,
Cristos en la placidez de los cínicos
y en el furor de los soberbios.

Oh, Cobrador, que no estás en el cielo
pero estás en la tierra:
bendito seas por siempre en la milagrosidad
de las carencias,
y en el corazón de nosotros, los locos,
los imprescindibles locos
que no se cansan de decir *te quiero,*
por los siglos de los siglos de las hadas
los duendes,
los Cristos

y los hombres, ay, los hombres.
Amén.

La muerte es un silencio demasiado eterno

I

¿Es normal preocuparse por la muerte? ¿Temerle incluso? ¿No vivir un segundo, siquiera un segundo, sin la terrible certeza? _*La muerte es un silencio demasiado eterno*- dicen los sueños que nunca se van, por más que la muerte los busque, y los seduzca, y les mienta, y les vuelva a mentir, y llene de prohibiciones las delicias del país, que es como decir los padrenuestros del verso, del único verso que escribe las miserias humanas, el corazón que se nos va cuando la muerte festeja, y en silencio degusta los desastres del país.

II

Yo soy el silencio de cisnes olvidados, cuando la luna es un lienzo y mi cabeza: un reloj más puntual que la muerte. Ah, qué inercia tan complicada. Qué precio cuando los cisnes escriben la desmemoria, y en la góndola del tiempo feliz me voy al océano. Hay cristales en el mar que de nostalgias perduran, cuando la muerte es ofrenda y la vida: un relicario. ¿Acaso tiene la muerte pájaros enjaulados, cuando de domingos muero y de lunes anochezco? ¿Seré acaso el ruiseñor que nunca pudo cantar? ¿Acaso la muerte, la tristeza rotunda? ¿Acaso el amor, el eterno silencio? ¿La soledad, acaso, la visa más airosa?

III

Ah, solo nos queda la certeza, la terrible certeza de saber que un día

partiremos.

Las puertas de la gloria no son exclusivas.

Dicen que vivo de glorias pasadas.
Quienes así dicen,
no podrán vivir nunca
ni de glorias pasadas,
ni de glorias presentes
ni de glorias futuras.

Los altos dirigentes

Corpulentos, macizos, como selva cuya virginidad no ha sido profanada, conversan, sonríen, siempre conversan y sonríen ciertos altos dirigentes. Mi mano, sumamente solidaria y cortés, intenta el saludo, y una vez más se retira: el de mayor linaje no dispone de tiempo para estrecharla, a pesar de ser una mano sumamente solidaria y cortés. Me doy cuenta, entonces, que nunca, nunca, disponen de tiempo ciertos altos dirigentes.

Corpulentos, macizos, como selva cuya virginidad no ha sido profanada, conversan, sonríen, siempre conversan y sonríen los altos dirigentes.

Del autor

Manuel González Busto nació en Sancti Spíritus, el 5 de Octubre de 1957. Miembro de la UNEAC. Poeta y crítico. Ha publicado los siguientes poemarios: *Magio la rotura de mis flautas*, Ediciones Luminaria, 1992, Premio Fayad Jamís, l989; *Último incendio en la memoria*, Editorial Abril, 1993; *Confesiones de un loco descreído*, Ediciones Luminaria, 1994, Premio Fayad Jamís, l991; *Caramba, Manuel,* Premio Pinos Nuevos en su primera edición, Editorial Letras Cubanas, 1994; *Testamento del loco*, Editorial Letras Cubanas, 1998; *La noche del visionario*, Premio Certamen Ser Fiel, 2001, Ediciones Capiro, 2002; *Ebriedad de los credos*, Ediciones Luminaria, 2005, y nominado para el Premio de la Crítica por el Instituto Cubano del Libro, este libro fue publicado también en Junio del 2020 por Ediciones Just Fiction, International Book Market Service Ltd. Member of Omni Scriptum Publishing Group, radicado en Francia; *Poemas de cuando el hombre pudo razonar,* Editorial Oriente, 2005, y nominado también para el Premio de la Crítica; *Delirios del aprendiz que quiso ser rey*, Ediciones Luminaria, 2006; *Adán: evidencia de los límites*,

Editorial Letras Cubanas, 2007; *Parábola del triste* Ediciones Unión, 2007 y nominado por Ediciones Unión para el premio de la Crítica; *Nueces para una añoranza* , Premio Fayad Jamís, 2007, Ediciones Luminaria, 2008 y publicado también por Ediciones Just Fiction International Book Market Service Ltd. Member of Omni Scriptum Publishing Group, radicado en Francia ; *Antología de la poesía oral-traumática y cósmica de Manuel González Busto*, compilada y prologada por Fredo Arias de la Canal y publicada por el Frente de Afirmación Hispanista, A.C., de México, 2009; *Cartas a Giselle*, Ediciones Luminaria, 2010 y Editorial Olé Libros, de Valencia, España, 2019; *Mítico segundo, Libro de Décimas*, Ediciones Luminaria, 2012; *El reino de los dilemas*, Editorial Letras Cubanas, 2013; *El invierno de la novia*, Ediciones Luminaria, 2015, y publicado también por Ediciones Samarcanda, Sevilla, España, bajo el sello editorial de Guantanamera, en el año 2016; *Pasajeros del olvido*, Editorial Letras Cubanas, 2018, Feria Internacional del Libro, La Habana, Cuba, 2019; *El libro de Patricia*, poemario para niños, adolescentes y jóvenes, publicado por la Editorial Gente Nueva, La Habana, Cuba, 2018; *París es un rumor*, Editorial San Lope, Las Tunas, 2020. Los 4 poemarios publicados en España y

Francia están promocionados por todo el mundo, tanto impresos como en e-book, a través de las redes sociales con muy buena aceptación de venta y público. Una recopilación de todas sus *Cartas a Giselle fue publicada con el título de Cartas a Giselle*, con fotos y documentos gráficos de la vida del autor, por la Editorial Olé Libros, radicada en Valencia, España, la cual tuvo una tirada de 400 ejemplares impresos, y contó con un prólogo del Ministro de Cultura, Educación y Deporte de España.

Poemas suyos aparecen en una decena de antologías, entre ellas: *Poetas del seminario*, Editorial Letras Cubanas, 1992 *Anuario de la Unión de Escritores y Artistas de Cuba*, Ediciones Unión, 1993, *Antología de la Poesía Cósmica Cubana, tomo III*, Frente de Afirmación Hispanista A.C., México, 2002; *Cien poetas cubanos, José Lezama Lima, ese misterio que nos acompaña*, Colección Sur Editores, 2010 y 2011 y en una antología con poemas dedicados a Luis Rogelio Nogueras, (Wichi), Editorial Oriente, Santiago de Cuba.

Por su obra lírica ha recibido, asimismo, más de una decena de premios y reconocimientos, entre ellos: Premio Concurso Nacional de la revista

Somos Jóvenes l987; Premio José Martí, en el VIII Concurso Nacional de Poesía Regino Pedroso, 2003; Premio de Poesía del periódico Escambray (l987, l996, 2013 y 2015); mención en Concurso Nosside Caribe 2004, entre muchos otros.

Como jurado, ha participado en varias ediciones de Encuentros Debates de Talleres Literarios, a nivel municipal y provincial; en Jurados del Premio de la Ciudad de Sancti Spíritus; en Coloquios y Simposios de la Cultura Espirituana; en Jornadas Científicas del Centro Provincial de Superación para la Cultura, y en numerosos concursos de investigación y crítica literaria.

Por el valor lírico de su obra y por sus aportes al desarrollo de la Cultura Espirituana y Cubana, la Sesión Plenaria de la Asamblea Municipal del Poder Popular de Sancti Spíritus le concedió la Distinción "Llave de la ciudad de Sancti Spíritus con motivo del 505 aniversario de la ciudad de Sancti Spíritus.

Ha recibido, entre otros reconocimientos: Diploma como Mejor Escritor de la Filial de Literatura de la Unión de Escritores y Artistas de Cuba, de Sancti Spíritus, y Distinción Canto de Ciudad, máximo galardón que otorga la UNEAC.

Actualmente se desempeña como Metodólogo Inspector de Literatura en el Centro Provincial de Casas de Cultura.

En Diciembre del 2020 se le concedió la Condición de Miembro de Honor de la Asociación Hermanos Saíz.

ÍNDICE

Listado de títulos y precios de Editorial Primigenios

1. *1932, Dios, revolución y libertad*. Poesía. Carlos Salina Granda (Perú). $5.99
2. *1968 y el cine, Memorias del 3er Encuentro de la crítica cinematográfica*. Compilación de Pedro R. Noa. $9.99
3. *A la sombra del mediodía*. Poesía. Luis de la Cruz Pérez Rodríguez. $7.99
4. *A quién pregunto por mí*. Poesía. Andrea García Molina. $12.99
5. *A veces, cuando el silencio*. Poesía. José Antonio Martínez Coronel. $9.99
6. *Abrazo a un búcaro sin flores*. Poesía. David Montero Figueredo. $6.99
7. *Actos en la tierra*. Poesía. Eduardo René Casanova Ealo. $5.99
8. *Adiós Rembrandt y otros relatos*. Colección de cuentos. Manuel Antonio Morales Felipe. $7.99
9. *Adoptando a Mini*. Novela ilustrada. Marié Rojas Tamayo. $7.99
10. *Agradecido entonces como un perro*. Poesía. Guillermo Hernández Montero. $5.99
11. *Al borde de las piedras*. Poesía. Yans González García. $5.99

12. *Al diablo el que me lo pida*. Narrativa. Nuris Quintero Cuellar. $5.80
13. *Al otro lado del mundo*. Poesía. Eduardo René Casanova Ealo.$5.99
14. *Al sur de los páramos*. Poesía. Miladis Hernández Acosta. $5.99
15. *Alguien está en las cenizas*. Novela. Marilú Rodríguez Castañeda
16. *Alta Definición, antología de cuentos inspirados en los medios de comunicación audiovisual*. Barbarella D´Acevedo. $9.99
17. *Amalgama*. Poesía. Ileana Hernández Goicochea
18. *A-Mar*. Novela. Marlene E. García. $5.99
19. *Amores difíciles*. Periodismo. Leonardo Depestre Cantony. $7.99
20. *Anita Mur*. Novela. Frank David Frías Rondón. $9.99
21. *Ante la misma puerta*. Poesía. Gilda Guimeras. $4.99
22. *Antes de amancebarme con la enana zíngara contorsionista*. Narrativa. Alberto Garrandés. $9.99
23. *Antología Memorable: poemas para no olvidar*. Selección de Juan Carlos García Guridi. $7.99

24. *Antología Voces dispersas*: *Once mujeres poetas*. Poesía. Miladis Hernández Acosta e Ivonne Sánchez-Barrea. $7.99
25. *Aquellos ojos verdes*. Narrativa. José Luis Riverón Rodríguez. $7.99
26. *Arcos fracturados*. Narrativa. Manuel Roblejo Proenza. $5.99
27. *Autos de duda*. Poesía. Niurbis Soler Gómez. $5.99
28. *Bajo la rueca*. Narrativa. Luis de la Cruz Pérez Rodríguez. $5.99
29. *Bajo las órdenes del silencio*. Cuentos. Alejandro Martínez Sánchez. $7.99
30. *Balada de tus ojos*. Poesía. Ray Nelson Pons Días. $5.99
31. *Bestias del paraíso*. Poesía. Roberto Frank Valdés. $5.99
32. *Bitácora de un paria*. Poesía. Yerandy Pérez Aguilar. $12.99
33. *Blasfemia del escriba*. Cuentos. Alberto Guerra Naranjo. $11.99
34. *Breves estudios en torno a la soledad*. Poesía ilustrada. Esther Suárez Durán. $7.99
35. *Cabalgar la zoo-política: Aproximaciones a una posible revolución indoamericana pospandemia*. Ensayo. Carlos Salinas Granda. $5.99
36. *Cacería*. Narrativa. José Hugo Fernández. $7.99
37. *Cancionero español: (Álbum de covers)*

Volumen 1. Narrativa. Alejandro Langape. $9.99

38. *Canto a mi cabeza loca (Dinámica del cuerpo)*. Poesía. Claudette Betancourt Cruz. $5.99
39. *Cartas a Leandro*. Narrativa. Ramón Díaz-Marzo. $9.99
40. *Casco de Dios*. Poesía ilustrada. Marié Rojas Tamayo. $9.99
41. *Círculos de agua:* nacidos después de los 80. Antología de cuentos. Dulce M. Sotolongo. $9.99
42. *Columpios de la suerte*. Poesía. Minerva Pérez Corcho
43. *Como arrullo de tórtolas*. Poesía cristiana. José Luis Riverón Rodríguez.$7.99
44. *Como en un sueño, la vida*. Poesía. José Antonio Martínez Coronel. $5.99
45. *Como salir de un país*. Poesía. Ricardo López. $5.99
46. *Como una mancha de peces*. Narrativa infantil. Miguel Ángel González Pérez. $5.99
47. *Con ojos de piedra y agua*. Poesía. Ana Margarita Valdés Castillo. $5.99
48. *Con un par de alas tremendas: Sonetos de vuelo popular*. Poesía. Juan Carlos García Guridi. $5.50
49. *Concierto para Denysse*. Poesía. Luis Mariano (Lewis) Estrada Segura. $5.99

50. *Confesiones de mujer*. Poesía. Yasmín Sierra Montes. $5.99
51. *Conjuro de diamante.* Poesía. Juan Carlos Mirabal. $13.99
52. *Conspiración en La Habana.* Novel. Eduardo N. Cordoví Hernández. $19.99
53. *Corrimiento al rojo*. Poesía. Benito Martínez Martínez. $7.99
54. *Cosa más grande la vida!* Humor. José Luis Riverón Rodríguez. $7.99
55. *Cosas de un niño grande*. Infantil. Hebert Poll Gutiérrez. $5.99
56. *Cosas que vienen del cielo*. Narrativa. Yolanda Felicita Rodríguez Toledo. $10.00
57. *Criaturas*. Cuentos. Alex Schweg. $7.99
58. *Crónica de una matanza impune, Persecución y asesinato de emigrantes canarios en Cuba.* Ensayo. José Antonio Quintana García. $7.99
59. *Cruce de caminos*. Poesía. Antonio Santana Pérez
60. *Cuando aparecen los elefantes*. Libro infantil ilustrado. Norge Sánchez. $9.99
61. *Cuando el dolor se convierte en palabra.* Poesía. Elizabeth Álvarez Hernández. $5.99
62. *Cuando me besan tus ojos*. Poesía. Félix Alexis Guerra Menéndez. $5.80
63. *Cuba en la calle*. Fotografías de la Cuba actual. Felipe Rouco Llompart. $24.99

64. *Cuba la revolución usurpada*. Ensayo. Oscar G. Otazo. $15.99
65. *Cuba y los fotógrafos viajeros: Desde 1841 a la actualidad*. Ensayo bibliográfico. Ramón Cabrales y Rufino del Valle Valdés. $12.99
66. *Cuba... qué linda es Cuba*. Narrativa. Hebert Poll Gutiérrez.$7.99
67. *Cuentos e historias para la (des) memoria*. Narrativa. Oscar Montoto Mayor. $9.99
68. *Cuentos feroces*. Cuentos. Alina Moreno. $9.99
69. *Cuentos para crecer juntos*. Ilustrado. Marié Rojas Tamayo. $7.99
70. *Cuentos para soñar* (ilustrados). Narrativa. Sarah Graziella Respall Rojas. $19.99
71. *Cuervos sobre el trigal*. Cuentos para adultos. Yasmín Sierra Montes. $7.99
72. *Cúmulos nimbos*. Poesía. Isbel G. $5.99
73. *Curvas sobre la superficie del objeto*. Poesía. Anisley Miraz Lladosa.$5.99
74. *De picha, y señor mío*. Narrativa. José Luis Riverón Rodríguez. $7.90
75. *De poesía y poetas*. Ensayo. Armando Landa Vázquez. $9.99
76. *Décima para mi princesa*. Poesía. Katia Pérez Padrón. $5.99
77. *Defensa siciliana 115 partidas magistrales*. Ajedrez. Félix Raúl Pérez Hernández. $12.99

78. *Desnuda ante tus ojos*. Narrativa. Jenny Díaz Valdés. $5.99
79. *Después de la Caída*. Poesía. Miladis Hernández Acosta. $9.99
80. *Diez cuentos que estremecieron a Cuba*. Narrativa. Carlos Esquivel. $9.99
81. *Dodo danza sobre un dado*. Poesía. Sergio Trincado Torres. $14.99
82. *Donde anida el colibrí*. Narrativa. Zuleica Ruíz Peix. $6.00
83. *Donde el espejo no llega*. Poesía. José Antonio Martínez Coronel. $5.80
84. *Donde termina la mirada*. Poesía. Norge Sánchez. $12.03
85. *Dos libros de Guerra (escrito a cuatro manos)*. Poesía. Félix Guerra Pulido y Félix Alexis Guerra Menéndez. $9.99
86. *Duendes del domingo*. Libro infantil ilustrado. Daimy Díaz Laborda. $10.99
87. *Dulce café*. Poesía. Rafael Vilches Proenza. $5.99
88. *E. A. Vol. 1 Breve antología del taller de literatura fantástica y de ciencia ficción "Espacio Abierto"*. Daniel Burguet... y Abel Guelmes Roblejo. $9.99
89. *Ejercitar el criterio*. Crítica de narrativa. Waldo González López. $12.99
90. *El agua rota de los sueños*. Poesía. Alejandro Rejón Huchin. $5.99

91. *El ángel en la sombra*. Poesía. Raudel Sosa Pérez. $5.99
92. *El árbol de mi alma*. Poesía. Vivián Suárez García. $5.99
93. *El cacique Turquino*. Cuentos ilustrado. Norge Sánchez. $9.99
94. *El cagüeiro negro*. Narrativa. Eduardo Báez. $14.99
95. *El camino*. Literatura cristiana. Jesús Cardoso López. $7.99
96. *El carcaj pleno de colores*. Ensayo sobre la obra del pintor Domingo Ramos Enríquez. Ana Julia Gutiérrez Ulloa. $5.99
97. *El cocinero, el sommelier, el ladrón y su (s) amante (s)*. Ensayo. Frank Padrón. $45.99
98. *El desventurado domingo de Dominga*. Libro ilustrado para niños. Noel Silva González. $12.99
99. *El dolor de ser vivo*. Poesía. Ronel González Sánchez. $7.99
100. *El eco del silencio*. Poesía. Teresa Medina Rodríguez. $9.99
101. *El fuego del ángel*. Poesía juvenil. Miladis Hernández Acosta. $5.99
102. *El fúnebre cantar del cisne blanco*. Poesía. Guillermina Consuelo Samsaricq González. $5.99
103. *El girasol*. Novela de ciencia ficción. Jonathan Sánchez

104. *El heno a cuestas: crónica de un duet(l)o en torno a la comunidad*. Ensayo. José Luis González-Almeida. $13.99
105. *El idilio de los iguales*. Narrativa. Alberto González. $7.99
106. *El imperio del silencio: A través del lenguaje de las tumbas, un recorrido por el Cementerio Cristóbal Colón de La Habana*. Ensayo novelado. Mario Darias Mérida. $39.99
107. *El legado de los Rep*. Novela ciencia ficción. José Ramón Barbón Hernández. $7.99
108. *El libro del caos*. Poesía. Francisco (Paco my friend) Guzmán Rivero. $7.99
109. *El maravilloso mundo de las libélulas*. Colección Eureka, ciencia y técnica. Jose M. Ramos Hernández. $7.99
110. *El maravilloso viaje de Kiko y ratón*. Narrativa. Manuel Roblejo Proenza. $5.99
111. *El marmolito mágico*. Juvenil. Gabriela Sánchez. $9.99
112. *El momento de las iniciaciones*. Poesía. Osmari Reyes García. $5.99
113. *El monasterio interior*. Poesía. José Antonio Martínez Coronel. $9.99
114. *El nacimiento de la conciencia histórica. Conferencias en la Universidad del aire dictadas por Maria Zambrana*. Daniel Céspedes Góngora. $5.99
115. *El onceno mandamiento*. Narrativa. Marié Rojas Tamayo. $10.99

116. *El personaje y su leyenda*. Historia. Leonardo Depestre Catony. $7.99
117. *El polvo rojo de la memoria*. Novela. Eduardo René Casanova Ealo. $5.99
118. *El puente y otros relatos*. Narrativa. Eduardo René Casanova Ealo. $5.99
119. *El que a buen humor se arrima, buen buena lo acobija*. Caricaturas. Ernesto Rodríguez Castro (Beli). $10.99
120. *El reino perdido de la Zapatucia*. Infantil. José Luis Riverón Rodríguez. $5.99
121. *El rosario del hombre de ceniza*. Poesía. Álex Padrón. $5.99
122. *El secreto de la luna*. Juvenil. Griselda Leonor Rodríguez Pimentel. $7.99
123. *El señor de las patas largas*. Narrativa infantil ilustrada. Nuris Quintero Cuellar. $14.99
124. *El silencio de los culpables*. Narrativa. Anisley Miraz Lladosa. $9.99
125. *El silencio que dicen*. Poesía. Abel German. $5.99
126. *El tiempo de la esperanza y otros cuentos*. Gisela Lovio Fernández. $11.99
127. *El tridente, décimas antológicas cubanas*. Poesía. Carlos Esquivel, J. L. Serrano y Ronel González. $15.99
128. *El último sol*. Poesía. Miroslaba Pérez Dopazo. $5.99

129. *El velo de la certeza*. Poesía. José Antonio Martínez Coronel. $5.99

130. *Embestidas de la piel*. Poesía. Odalys Leyva Rosabal. $5.99

131. *Emigrados de fondo*. Poesía. Fernando Lobaina Quiala. $4.99

132. *En el límite*. Narrativa. Maritza Vega Ortiz. $10.00

133. *En esta claridad está mi casa*. Poesía. Beatriz del Rosario Torrente Garcés. $6.99

134. *En este barrio no hay vampiros*. Novela. Luis Pacheco Granado. $7.99

135. *En la gruta del tiempo*. Narrativa. Felicia Hernández Lorenzo. $8.99

136. *En La Habana de ahora mismo, dos historias de Boston Franco*. Cuentos. Dagoberto José Valdés Rodríguez. $7.99

137. *En un raro lugar y otras historias*. Cuentos. Jeiddy Martínez Armas. $7.99

138. *Encrucijadas y naufragios*. Cuentos. José Valdés Rodríguez. $7.99

139. *Enigmas de la otra*. Poesía. Nuris Quintero Cuellar. $5.80

140. *Entre piropos, dichos y refranes*. Décima. Noelio Ramos Rodríguez. $6.99

141. *Eros*. Poesía. Armando Landa Vázquez. $5.99

142. *Es la hora de los hornos*. Poesía. Norge Sánchez. $5.99

143. *Escaras*. Poesía. José Alberto Nápoles.

144. *Escritos de un plumazo*. Narrativa. José Alberto Collazo. $7.50
145. *Estaba la pájara pinta*. Ensayo. José Antonio Martínez Coronel. $36.99
146. *Fauna cavernícola*. Ensayo. José M. Ramos Hernández. $7.99
147. *Feria de máscaras*. Poesía. Yamilka González Pérez. $5.99
148. *Fiesta de rimas*. Poesía ilustrada para niños. Eliane Acosta Moreira. $11.99
149. *Filosofía política de la guerra*. Ensayo. Carlos Salinas Granda. $10.99
150. *Fragmentaciones de la luz*. Poesía. Luis Mariano Estrada (Lewis). $7.99
151. *Fragmentaciones del silencio*. Poesía. Ana Ivis Cáceres de la Cruz. $5.99
152. *Fruto Rojo*. Poesía. Ana Herminia Rodríguez. $5.99
153. *Gabriela en el espejo*. Cuentos ilustrados para niños. Norge Sánchez. $9.99
154. *Gabriela*. Infantil. Norge Sánchez. $5.99
155. *Gentes*. Cuentos. Roberto Peláez Romero. $7.99
156. *Germán pinta guaraparanganas*. Artes plásticas. Germán Molina. $11.99
157. *Gestos brutales*. Cuentos. José Alberto Velázquez
158. *Guijarros*. Poesía. Norge Sánchez. $4.99
159. *Historia de amor*. Libro infantil ilustrado.

Norge Sánchez. $9.99

160. *Historias en la almohada*. Poesía. Armando López Carralero.$8.65
161. *Hombre que escribe en banco sin parque*. Poesía. Ulises Hernández Expósito. $5.90
162. *Hombreriego*. Narrativa. Raúl Hernández Pérez. $5.99
163. *Hombres de rutina*. Narrativa. Marlon Duménigo. $5.99
164. *Huellas de una nación*. Fotografía. Yovanis González Elizalde. $5.99
165. *Insectos para principiantes*. Divulgación científica. José M. Ramos Hernández. $7.99
166. *Instantes en la memoria*. Poesía. Agustín Ramón Serrano. $5.99
167. *Jardín mecánico*. Poesía. Luis Alonso Cruz Álvarez. $7.99
168. *Juan Pirindingo y otros cuentos*. Libro infantil ilustrado. Delsa López Lorenzo. $12.00
169. *Katabasis*. Cuentos. David Martínez Balsa. $ 7.99
170. *La catedral del Tiempo*. Narrativa. José Antonio Martínez Coronel. $10.50
171. *La corte de los lobos*. Narrativa. José Luis Riverón Rodríguez. $9.99
172. *La cosa roja*. Narrativa. Luis Felipe Ruano. $9.99
173. *La culpa no fue de Dios*. Narrativa. Andrea García Molina. $5.99

174. *La Estancia, apuntes y recuerdos de Albert Gagnon-Beyle*. Narrativa. Jesús Alberto Díaz Hernández. $9.99
175. *La fiesta de la reina ortografía*. Narrativa infantil. Ronel González Sánchez. $7.99
176. *La frágil memoria de la semana*. Poesía. Elizabeth Álvarez Hernández. $5.38
177. *La furia de los vientos*. Testimonio. Pedro Armando Junco. $12.99
178. *La Gallina golondrina*. Infantil ilustrado. Norge Sánchez. $9.99
179. *La gruta del lobo*. Narrativa. de Hamlet Gómez. $12.99
180. *La Habana convida. Antología poética por el 500 aniversario de la ciudad*. Eduardo René Casanova Ealo y 79 poetas. Edición de lujo. $70.00
181. *La Habana convida. Antología poética por el 500 aniversario de la ciudad*. Eduardo René Casanova Ealo y 79 poetas. Edición estándar. $15.99
182. *La Hechicera*. Narrativa. Yasmín Sierra Montes. $9.99
183. *La herencia de los buenos muertos, compilación de obras presentadas al Concurso Internacional de cuentos*. Compilación. Eduardo René Casanova Ealo
184. *La isla de las hormigas rojas*. Poesía. Luis Mariano Estrada (Lewis). $5.99

185. *La isla del espanto y otros cuentos.* Narrativa. de Gisela Lovio. $12.99
186. *La isla preterida.* Poesía. Miladis Hernández Acosta. $23.60
187. *La Larga.* Narrativa. Ángel Osiris Milián. $15.99
188. *La luna frente al espejo.* Poesía. Luis Mariano Estrada (Lewis). $7.99
189. *La música del árbol.* Poesía. Adalberto Hechavarría Alonso. $6.99
190. *La oscura escalera.* Novela. Ramón Díaz-Marzo. $6.99
191. *La patria es una naranja.* Poesía. Félix Luis Viera.$8.99
192. *La peña de Horeb.* Poesía. José Antonio Martínez Coronel. $6.99
193. *La plaga en el valle del Belanús.* Novela. Manuel Quintero Pérez. $9.99
194. *La sangre del marabú.* Narrativa. Argenis Osorio Sánchez. $7.99
195. *La sombra de Sísifo.* Poesía. José Antonio Martínez Coronel. $5.99
196. *La sombra que pasa.* Poesía. Miladis Hernández Acosta. $7.99
197. *La veda del dinosaurio.* Narrativa. Edgar Estaco Jardón. $5.99
198. *La venganza del contrario.* Narrativa. Odalys Leyva Rosabal. $7.99
199. *La vida húmeda.* Cuentos. Carlos Alberto Casanova. $7.99

200. *La virgen sumergida o cómo mataron a Charo*. Narrativa. José Luis Riverón Rodríguez. Edición a todo color. $30.00
201. *La virgen sumergida o cómo mataron a Charo*. Narrativa. José Luis Riverón Rodríguez. Edición estándar. $9.99
202. *Las arenas del tiempo*. Poesía. José Antonio Martínez Coronel. $5.80
203. *Las colinas de Potomac, antología mínima*. Poesía. Eduardo René Casanova Ealo. $15.99
204. *Las dunas de la espera*. Poesía. José Antonio Martínez Coronel. $5.58
205. *Las hadas calzan botas*. Poesía infantil ilustrada. Clara Lecuona Varela.$12.99
206. *Las Hijas de Sade*. Narrativa. Guillermo Vidal y Maria Liliana Celorrio. $9.99
207. *Las náufragas porfías*. Ensayo sobre la obra de Dulce María Loynaz de Miladis Hernández Acosta. $7.99
208. *Las rosas que mañana (un museo para Dulce María)*. Poesía. Mariana Enriqueta Pérez Pérez. $7.99
209. *Las sendas escabrosas*. Poesía. Yasmín Sierra Montes. $5.50
210. *Las tablillas de Diógenes*. Poesía. Eduardo René Casanova Ealo. $7.26
211. *Laurel y orégano, la hora en que no muere nadie*. Narrativa. Marié Rojas Tamayo. $19.99
212. *Laverna*. Poesía. J. W. Riter. $5.99

213. *Lengua de sapo, relatos hiperbreves.* Narrativa. Edgar Estaco. $9.99
214. *Levitas del siglo XXI.* Ensayo. José Luis Riverón Rodríguez. $7.99
215. *Libro de los prójimos.* Poesía. Miladis Hernández Acosta. $7.99
216. *Libro negro del desencantado.* Poesía. Eduardo René Casanova Ealo. $12.99
217. *Los años del principio.* Novela. José Gutiérrez Cabanas. $15.99
218. *Los blancos territorios, antología creciente.* Poesía. Miladis Hernández Acosta. $17.99
219. *Los caminos del agua.* Poesía. Armando López Carralero. $5.99
220. *Los cerezos de tu vientre.* Novela. Yasmín Sierra Montes. $15.99La cosa
221. *Los Césares perdidos.* Poesía. Odalys Leyva Rosabal. $6.99
222. *Los cuentos más tontos del mundo.* Narrativa. Ronel González Sánchez. $9.99
223. *Los días nuestros.* Poesía. Mayda Milián Ortiz. $6.99
224. *Los enanos de corazones.* Cuentos. Aymee Corominas. $5.99
225. *Los hilos de Ariadna.* Narrativa. José Antonio Martínez Coronel. $15.50
226. *Los imponderables reinos.* Poesía. Miladis Hernández Acosta. $5.99

227. *Los independientes de color*. Poesía. Armando Landa Vázquez. $9.99
228. *Los mapas del tiempo*. Poesía. Álex Padrón. $10.00
229. *Los maravillosos viajes de Globito*. Infantil ilustrado. Clara Lecuona Varela. $12.99
230. *Los misterios de la torre: El muerto del pozo*. Novela. Mario Luis López Isla. $9.99
231. *Los números*. Ilustrado para niños. Narely Plasencia Rodríguez
232. *Los ojos tras la ventana*. Cuentos. Roberto J. González. $7.99
233. *Los peces no lloran*. Poesía. Julián Dimitri Tamayo Carbonell. $7.99
234. *Los sutiles vástagos*: poemas dispersos. Poesía. Milho Montenegro. $5.80
235. *Luna de aire*. Poesía infantil ilustrada. Yolanda Felicita Rodríguez Toledo.$9.99
236. *Lunaciones, antología personal*. Poesía. Rafael Vilches Proenza. $7.99
237. *Lunes primero*. Narrativa. Pablo Virgili Benítez. $5.99
238. *Luz de mágica sombra*. Poesía. Yasmín Sierra Montes. $5.90
239. *Luz y polvo en el granero*. Poesía. Reinol Cruz Díaz. $5.99
240. *Malas palabras*. Poesía de Norge Sánchez. $7.99

241. *Manet y el paraíso de las pesadillas*. Novela. Titania Dreamer. $9.99

242. *Maravilloso zoológico*. Ilustrado para niños. Pilar Doris Gálvez Martínez. $12.99

243. *Más solo que la Luna*. Narrativa. José Alberto Collazo Oramas. $5.99

244. *Máscaras*. Poesía. Lázaro Alfonso Díaz. $5.99

245. *Mata*. Novela. Raúl Aguilar. $6.99

246. *Me declaro inocente*. Cuentos. Pedro Pablo Morejón López. $7.99

247. *Memorias de un kamikaze*. Poesía. Jorge Yassel Valdés Reyes. $6.99

248. *Memorias del abismo*. Poesía. Miladis Hernández Acosta. $5.99

249. *Miami, mi rincón querido. Antología ilustrada de cuento y poesía*. Eduardo René Casanova Ealo. $32.99

250. *Mirar, sufrir, gozar...La Habana*. Novela colectiva. Coordinador del proyecto: Lázaro Díaz Cala y Yoss. $11.99

251. *Misa de ratones: nueve monólogos teatrales*. Teatro. Edgar Estaco Jardón.$7.99

252. *Mitos y realidades*. Novela testimonio. José Ramón Crespo Jiménez. $7.99

253. *Momentos*. Poesía. Bárbara Olivera Más. $5.99

254. *Morir en el fin del mundo*. Narrativa. Amador Hernández Hernández. $12.99

255. *Mujeres con testículos.* Narrativa. José Alberto Collazo Oramas. $9.99
256. *Mundo invisible. Poesía para todas las edades*. Ronel González Sánchez. $15.99
257. *Mundos paralelos y otros cuentos*. Narrativa. Gisela Lovio. $9.99
258. *Muros y otras historias del fin del mundo.* Narrativa. Clara Lecuona Varela. $5.99
259. *Músicos ambulantes*. Cuentos. Barbarella D´Acevedo. 9.99
260. *Nadar entre dos aguas*. Narrativa. José Alberto Collazo Oramas. $9.50
261. *Navegación Impasible*. Poesía. Eduardo René Casanova Ealo. $7.99
262. *No despierten a las mariposas*. Narrativa infantil. Teresa Medina Rodríguez. $7.99
263. *NoSéDónde y el País de las cosas perdidas.* Literatura para jóvenes. José Luis Riverón Rodríguez. $20.00
264. *Noventa minutos: Poemas y narraciones sobre fútbol*. Carlos Esquivel. $7.99
265. *Nuevos cortos del Pichi*. Narrativa. Rolando González Gil. $7.99
266. Orgy o fear, Orgía del miedo. Poesía bilingüe. Ismael Sambra. $7.99
267. *Otro invierno sin fósforos*. Poesía. Edgar Estaco Jardón. $5.99

268. *Pa´Cuba ni muerto*. Testimonio. Norge Sánchez. $9.00
269. *Pagar para ver*. Novela. Frank Correa. $12.99
270. *Páginas finales de la náusea*. Teatro. Miguel Terry Valdespino. $8.99
271. *País sin moscas y otros poemas*. Poesía Edición tapa dura. Félix Anesio. $19.99
272. *País sin moscas y otros poemas*. Poesía. Félix Anesio. $10.99
273. *Pan con mantequilla*. Cuentos. Ramón Díaz-Marzo. $8.99
274. *Paulette*. Cuentos. Osvaldo S. Reina Rodríguez. $9.99
275. *Pequeño diario de la Gran Zafra*. Testimonio. Carlos Julio Larramendi Rodes
276. *Pero no me toques*. Narrativa. Bertha María Gómez Sedano. $5.99
277. *Perversas mujeres contra el muro. Colección erótica de cuentos*. Odalys Leyva Rosabal. $19.99
278. *Pesadilla, tragedia y fantasmas de neón*. Cuentos de ciencia ficción. Álex Padrón. $7.99
279. *Pesquería lunar*. Poesía infantil ilustrada. Jorge Morales Morales.$5.50
280. *Philosophia Naturalis Principia Poética Matemática*. Poesía. Armando Landa Vázquez. $7.50
281. *Piano Afinado*. Poesía. Norge Sánchez. $7.99

282. *Piedra para Obatalá*. Ensayo. Yoel Enríquez Rodríguez. $7.99
283. *Pilares extendidos: diez maneras de conocer a José Martí*. Ensayo. Daniel Céspedes Góngora. $8.00
284. *Poemas breves para niños traviesos*. Poesía. Ángel Larramendi Mecías
285. *Poetas cubanos en canarias. Antología*. Juan Calero Rodríguez. $9.99
286. *Por culpa del amor*. Novela. Teresa Medina Rodríguez. $15.99
287. *Por el camino verde:* Apreciación en décimas a la obra de José Suárez Verde. Ensayo. José Luis Riverón Rodríguez. $18.99
288. *Porque la lluvia no cesa*. Poesía. Yolanda Felicita Rodríguez Toledo. $5.99
289. *Primigenios, el cuerpo lírico de una nación*. Semanario copilado por Eduardo René Casanova Ealo. $7.99
290. *Profecía maldita*. Novela. Rafael Martínez Castellanos. $7.99
291. *Puertas, boleros y cenizas*. Poesía. Yuray Tolentino Hevia. $6.99
292. *Pura coincidencia*. Cuentos. José Luis Pérez Delgado. $7.99
293. *Quirubín, el de Changa*. Novela. Noelio Ramos Rodríguez. $7.99
294. *Rabota*. Narrativa. Armando Landa Vázquez. $7.00

295. *Rani y la charca misteriosa*. Novela juvenil. Ana Rosa Díaz Naranjo. $9.99
296. *Recapitulación*. Poesía. Dorge Rodríguez Hernández. $7.99
297. *Retablos*. Poesía. Pedro Evelio Linares.$12.99
298. *Retazos*. Poesía. Ana Ivis Cáceres de la Cruz. $7.99
299. *Revisitación al Monte Fuji*. Poesía. Armando Landa Vázquez. $10.99
300. *Revolicuento*.com Cuentos. Rafael Grillo. $9.99
301. *Revoloteos*. Infantil ilustrado. María Ondina Niebla. $14.99
302. *Rostros de Hollywood en La Habana*. Crónicas. Leonardo Depestre Catony. $9.99
303. *Rostros*. Cuentos. Lisbeth Lima Hechavarría. $7.99
304. *Russian Brindis*. Teatro. Juan José Jordán. $5.99
305. *Salmos por Denisse*. Poesía. Yolanda Felicita Rodríguez Toledo. $3.99
306. *Salsiquieres city*. Narrativa. Teresa Medina Rodríguez. $5.99
307. *Saltarina y el majá rastrero*. Infantil ilustrado. Delsa López Lorenzo.$13.99
308. *Santa Fe y otros relatos teatrales*. Teatro. Edgar Estaco Jardón. $10.00
309. *Sexualidad femenina, el paraíso del placer*. Dr. Octavio Gárciga Ortega PhD. $12.99

310. *Siéntate y mira: Crítica, comentarios y ensayos sobre cine*. Crítica cinematográfica. Daniel Céspedes Góngora. $10.99
311. *Silencios de un especial periodo*. Poesía. Juan Francisco González-Díaz. $5.99
312. *Sin oxígeno, sin Cristo*. Cuentos. Rogelio Riverón. $9.99
313. *Solo en medio del mundo*. Poesía. Norge Sánchez. $5.99
314. *Subdesarrollo Pérez, ¡Qué envolvencia!, El arte de la simulación*. Arístides Pumariega y Rebeca Ulloa. $12.99
315. *Temblor de hoja rota*. Poesía. Armando López Carralero. $7.99
316. *Thanatos y Eros*. Poesía. Álex Padrón. $7.99
317. *The Watchers*. Novela (en inglés). Asley L. Mármol.
318. *Tiempo*. Poesía de Bernardo Javier Castro Reyes. $7.99
319. *Todas las madrugadas*. Narrativa. Manuel Roblejo Proenza. $5.99
320. *Todos vivimos en Oz*. Cuentos. Edición de lujo. Marié Rojas Tamayo. $40.00.
321. *Todos vivimos en Oz*. Cuentos. Edición estándar. Marié Rojas Tamayo. $12.99
322. *Torres de marfil*. Narrativa. Yonnier Torres Rodríguez. $7.99
323. *Trampas de amor*. Poesía para niños. Carlos Ettiel. $14.99

324. *Tras el telón de celuloide: Acercamiento al cine cubano*. Crítica cinematográfica. Antonio Enrique González Rojas. $7.00
325. *Travesía la desnudo*. Poesía. Wendy Calderón Veloso. $5.99
326. *Tus luces sobre mí*. Narrativa. Maritza Vega Ortiz. $7.99
327. *Un grafiti en los ladrillos*. Poesía. Hansrruel Aldana Cabrera. $5.99
328. *Un pueblo con suerte*. Ilustrado para niños. Andrés Cobo García. $9.99
329. *Un rey sin corona*. Novela. Frank Correa. $7.99
330. *Un tren delirante*. Novela. Alina Moreno. $9.99
331. *Un triste cepillo de dientes*. Narrativa. Norge Sánchez. $7.99
332. *Una ciudad sin lágrimas*. Miriam Peña Leyva. $5.99
333. *Una cosa es con guitarra*. Poesía. José Luis Rodríguez Alba. $5.99
334. *Una mujer es...* Poesía. Juan Francisco González-Díaz. $5.50
335. *Uno por aquí y yo, en la pandilla del barrio*. Novela. Noelio Ramos Rodríguez. $7.99
336. *Uvas para llevar a la boca*. Poesía. Lucy Maestre. $7.99
337. *Valbanera: Naufragio, misterio y leyenda.*

Ensayo. Mario Luis López Isla. $12.99

338. *Vértigos*. Poesía. José Poveda Cruz. $5.99

339. *Vienen... vienen los americanos*. Cuentos. Rebeca Ulloa. $7.99

340. *Viento de cenizas*. Poesía. Miladis Hernández Acosta. $8.99

341. *Xarahlai La Gitana*. Narrativa. Xiomara Maura Rodríguez Ávila. $9.99

342. *Y a todo a media luz*. Narrativa. Teresa Medina Rodríguez. $6.99

343. *Ya comienza el otoño*. Haikus. Lázaro Alfonso Díaz Cala y Aida Elizabeth Montanarro Torres. $5.99

344. *Yo también soy ellas*. Poesía. Yuray Tolentino Hevia. $5.99

www.ingramcontent.com/pod-product-compliance
Lightning Source LLC
LaVergne TN
LVHW010111170826
845678LV00012B/2346

* 9 7 9 8 4 4 1 0 4 6 4 9 7 *